DIE SCHÖNSTEN FABELN VON ÄSOP

DIE SCHÖNSTEN FABELN VON ÄSOP

ILLUSTRATIONEN VON HEIDI HOLDER

DEUTSCH VON FRANZ MARTIN

ANNETTE BETZ VERLAG

Widmung:
Für alle
Tier- und Naturschützer

B 306/1

Originaltitel »Aesop's Fables«
Deutsch von Franz Martin

Initialen auf den Seiten 3, 9, 15, 16 von Susanne Riha

Papier und Gesamtherstellung: Salzer - Ueberreuter, Wien
Printed in Austria

INHALT

DIE SCHÖNSTEN FABELN VON ÄSOP

DIE TAUBE UND DIE SCHLANGE

Im niederen Ufergehölz am Rande des Teiches saß eines Tages eine schöne Taube und putzte ihr Gefieder. Da bemerkte sie, daß unten im Gebüsch ihr Todfeind, die Schlange, verborgen lag. Weil die Taube die Schlange nicht aus den Augen ließ, entging ihr, daß sich ein Vogelfänger mit dem Netz an sie heranschlich. Näher und näher schlich er, ohne daß die Taube ahnte, was er vorhatte. Plötzlich glitt die Schlange aus dem Gebüsch ins Freie, der Vogelfänger erschrak und ließ das Netz fallen. Die kluge Taube aber nützte die entstandene Verwirrung und flog auf und davon.

Oft entsteht Gutes aus Bösem, und selbst unsere ärgsten Feinde können ungewollt zu unseren Helfern werden.

DIE STADTMAUS UND DIE LANDMAUS

Um sich auch einmal gastlich zu zeigen, hatte eine einfache Landmaus ihre vornehme Freundin, die Stadtmaus, zu sich eingeladen. Als die Stadtmaus eintraf, bewirtete die Landmaus sie in ihrer bescheidenen Wohnung aufs beste und tischte auf, was das Land zu bieten hatte — Erbsen und getrocknete Traubenkerne, Hafer und sogar ein Stückchen Speck —, in der Hoffnung, die Menge des Gebotenen möge die fehlende Qualität ersetzen. Damit ihr Gast ja nicht zuwenig bekäme, aß die Landmaus selbst nichts. Die verwöhnte Stadtmaus tat so, als ob es ihr schmecke, kostete ein wenig von diesem und ein wenig von jenem, sagte am Ende aber doch: »Meine Liebe, laß mich offen zu dir sein. Wie hältst du dieses öde Leben aus, mit nichts als Wiesen, Bergen und Bächen rundum? Dir können doch unmöglich einsame Felder besser gefallen als die

Stadt, in der es von Menschen und Kutschen wimmelt? Und was ist schon Vogelgezwitscher im Vergleich zum Lärm der Großstadt? Ich möchte wetten, das Stadtleben würde dir besser gefallen. Laß uns sogleich aufbrechen!«

Von diesen wohlgesetzten Worten und solch feinem Benehmen überwältigt, war die Landmaus zur Abreise bereit, und die beiden machten sich auf den Weg. Gegen Mitternacht erreichten sie das große Haus, in dem die Stadtmaus wohnte. Hier gab es mit rotem Samt bezogene Polstersessel, überall stand elfenbeinernes Schnitzwerk, und auf dem riesigen Tisch befanden sich noch die Überreste eines üppigen

Mahles. Die Landmaus mußte sich auf einem Perserteppich niederlassen, und nun war es an der Stadtmaus, die Rolle der Gastgeberin zu übernehmen. Sie rannte hierhin und dorthin, im Bemühen, ihren Gast bestens zu bedienen, servierte Gericht nach Gericht, Leckerbissen um Leckerbissen. Die Landmaus saß da und genoß alles und war herzlich froh über diese glückliche Wende in ihrem Leben. Als sie gerade verächtlich an das armselige Leben zurückdachte, das sie einmal hatte führen müssen, gingen die Türen auf, und eine lärmende Gesellschaft strömte in den Saal. Von Schrecken gepackt, flohen die beiden Freundinnen in die nächstbeste Ecke. Kaum wagten sie sich ein wenig hervor, als Hundegebell sie neuerlich erschreckte und in ihr Versteck zurücktrieb. Endlich schien alles wieder ruhig zu sein. Die Landmaus kroch vorsichtig ins Freie, sagte ihrer Freundin Lebewohl und flüsterte: »Meine Liebste, dieses feine Leben mag etwas für dich sein, ich dagegen ziehe eine friedliche Mahlzeit aus Hafer und Erbsen dem herrlichen Festschmaus vor, wenn ich dabei um mein Leben bangen muß.«

Ein einfaches Leben in Frieden und Sicherheit ist mehr wert als ein Leben in Luxus, regiert von Angst.

DIE FLEDERMAUS, DER DORNBUSCH UND DER KORMORAN

Eine Fledermaus, ein Dornbusch und ein Kormoran wollten gemeinsam Handel treiben; dazu sollte jeder seinen Anteil ins Geschäft einbringen. Die Fledermaus lieh sich Geld, der Dornbusch kaufte Kleider, und der Kormoran steuerte Kupfermünzen bei. Als die drei übers Meer fuhren, um ihre Güter zu verkaufen, geriet ihr Schiff in einen Sturm und sank. Die drei Kaufleute retteten ihr nacktes Leben, alles andere war verloren.

Seither wagt sich die Fledermaus nie vor Einbruch der Dunkelheit ins Freie, aus Angst, ihren Gläubigern zu begegnen. Der Dornbusch greift nach den Kleidern eines jeden Vorübergehenden. Und der Kormoran fliegt unablässig die Meeresküste auf und ab, immer auf der Suche nach Münzen, die die Flut ans Ufer gespült haben könnte.

Ist jemandem ein großes Mißgeschick widerfahren, dann wird er dieses sein Leben lang im Gedächtnis behalten.

DER ESEL UND DAS PFERD

Als einmal ein Pferd und ein Esel mit ihrem Herrn über Land reisten, hatte das Pferd nichts zu tragen, während der Rücken des Esels mit unzähligen Bündeln beladen war. Unter seiner schweren Last dahinstolpernd, sagte der Esel zu seinem stolzen Gefährten: »Lieber Freund, ich bitte dich, hilf mir beim Tragen. Ich fürchte, ich komme sonst nicht lebend an unser Ziel.« Aber das Pferd ließ sich durch diese verzweifelte Bitte nicht rühren und lehnte es ab, dem Esel etwas von seiner Last abzunehmen.

Bald war der kleine Esel völlig erschöpft, schleppte sich immer mühsamer fort und sank schließlich zu Boden. Sosehr er sich auch mühte, er kam nicht mehr auf die Beine. Als der Herr das sah, nahm er dem Esel die Bündel ab und warf sie dem Pferd über den Rücken, das sofort erbärmlich zu jammern begann. »O weh!« rief es. »Was habe ich mir da eingebrockt! Die halbe Last wollte ich nicht auf mich nehmen, und was ist daraus geworden: Jetzt muß ich alles allein tragen.«

Der Starke soll dem Schwachen helfen — und beider Leben wird dadurch leichter werden.

DER FUCHS UND DIE TRAUBEN

In einer Zeit der Hungersnot, als sogar einem Fuchs Weinbeeren gleich begehrlich waren wie ein Stück Fleisch, geschah es, daß ein hungriger Fuchs in einen Weingarten schlich. Da hingen die Trauben in voller Reife und schienen nur darauf zu warten, gegessen zu werden. Doch der Fuchs, der unter einer besonders reich mit Trauben behangenen Rebe stand und sich die Lippen leckte, mußte die Entdeckung machen, daß die Trauben alle hoch oben an einem Spalier befestigt waren. Wieder und wieder sprang er hoch, doch die Trauben blieben für ihn unerreichbar. Schließlich wurde er der Sache müde, drehte sich um und trottete davon. Noch einmal einen Blick zum Weingarten zurückwerfend, sagte er: »Die Trauben sind sauer!«

Manche Leute schmähen das, was sie nicht kriegen können.

DIE HOCHZEIT DER SONNE

Eines Sommers vor vielen, vielen Jahren verbreitete sich die Nachricht, die Sonne gedenke zu heiraten. Alle Tiere waren entzückt von der Aussicht, ein himmlisches Fest feiern zu können, und machten sich unverzüglich an die Vorbereitungen. Vor allen anderen waren die Frösche entschlossen, aus diesem Anlaß ein Tanz- und Sängerfest zu veranstalten. Sie machten sich schön, so gut sie es konnten, und erwarteten den Tag der Hochzeit. Doch eine weise alte

Kröte sagte: »Freunde, ihr tätet gut daran, eure Begeisterung etwas zu dämpfen. Diese Hochzeit könnte eher Grund zur Sorge als zur Freude sein. Ist es nicht schon schlimm genug für uns, wenn die Sonne allein die Sümpfe austrocknet? Wie wird es uns erst ergehen, wenn es außer ihr noch ein halbes Dutzend kleiner Sonnen geben sollte?«

Von etwas Gutem kann man auch zuviel haben.

DER HAHN UND DER DIAMANT

Auf einem großen Misthaufen stand ein Hahn, scharrte nach Körnern und fand einen glitzernden Diamanten. Unmutig stieß er ihn zur Seite und sagte: »Du bist wohl ein prächtig Ding, und hätte dich ein Juwelier gefunden, er würde seine Freude an dir haben. Was mich betrifft, so würde ich alle Diamanten unter der Sonne für ein paar köstliche Gerstenkörner geben.«

Was in den Augen des einen von Wert ist, kann in den Augen des anderen wertlos sein.

DER HASE UND DIE SCHILDKRÖTE

Als ein Hase eine Schildkröte wegen ihrer Langsamkeit verspottete und dafür seine eigene Schnelligkeit rühmte, sagte die Schildkröte: »Dann laß uns einen Wettlauf machen.« Der Hase nahm an. Der Tag des Wettlaufs kam, das Ziel wurde bestimmt, und beide betraten zugleich die Bahn. Der Hase rannte mit höchster Schnelligkeit los, die Schildkröte kroch langsam, aber unermüdlich hinterher. Um den Hohn gegen die Schildkröte auf die Spitze zu treiben, legte sich der Hase kurz vor dem Ziel ins Gras nieder. Er hatte vor, sobald die Schildkröte ihn eingeholt hatte, mit einigen Sprüngen das Ziel zu erreichen. Doch er schlief ein, und als er erwachte, sah er die Schildkröte, die langsam, aber stetig vorwärts marschiert war, bereits am Ziel.

Oft werden gute, aber leichtsinnige Köpfe von mittelmäßigen, aber fleißigen eingeholt oder sogar übertroffen.

DER HIRSCH UND DIE HUNDE

An einem schönen Herbsttag kam ein Hirsch an einen Teich und bewunderte sein Spiegelbild im Wasser. »Ah«, rief er, »welch herrliches Geweih! Wie häßlich dünn sind dagegen meine Beine!«
Als das Rufen der Jäger und das Bellen der Hunde ertönte, rannte der Hirsch schnell wie der Wind davon und ließ seine Verfolger weit hinter sich. Doch dann verfing sich sein Geweih in einem Dickicht. Verzweifelt suchte er freizukommen. Das Hundegebell kam näher und näher. Mit letzter Anstrengung gelang es ihm, sein Geweih aus dem Dickicht zu befreien.
Sogleich sprang er davon, seine Beine trugen ihn rasch fort, weit weg von der Gefahr. Und als er lief, dachte er bei sich: Was bin ich doch für ein glückliches Geschöpf! Jetzt weiß ich, daß gerade das, dessen ich mich brüstete, beinah meinen Tod herbeigeführt hätte und das, was mir an mir so mißfiel, mich gerettet hat.

Sieh zuerst nach dem Nutzen eines Dings, dann erst, ob es dich auch ziert.